_____ 드림

요리가 간편해지는
기본 양념장 레시피

초판 1쇄 발행 2014년 3월 31일
초판 3쇄 발행 2014년 11월 27일

지은이 장성록, 이현주

발행인 장상진
발행처 경향미디어
등록번호 제313-2002-477호
등록일자 2002년 1월 31일

주소 서울시 영등포구 양평동 2가 37-1번지 동아프라임밸리 507-508호
전화 1644-5613 | **팩스** 02) 304-5613

ⓒ 장성록, 이현주

ISBN 978-89-6518-100-2 13590

· 값은 표지에 있습니다.
· 파본은 구입하신 서점에서 바꿔드립니다.

요리가 간편해지는
기본 양념장 레시피

장성록 | 이현주 지음

경향미디어

prologue
프롤로그

우리 몸에 좋은 기본양념장으로
건강한 밥상을 차려보세요

장이 맛없으면 그 해에 재앙이 온다고 믿을 정도로 우리 조상들에게 장은 조미료 그 이상의 의미가 있었지만, 서울에서 평범한 도시 처녀로 자란 저에게 장은 할머니들이나 만들어 먹는 볼품없고 냄새나는 촌스런 음식에 지나지 않았습니다. 장은 친정이나 시댁에서 얻어먹거나 대형마트에서 구입하면 된다고 여겼던 초보 새댁 시절도 있었지요.

그러나 가족들의 건강이 제 손으로 차린 식탁에서 시작된다는 걸 깨닫는 데는 그리 오랜 시간이 걸리지 않았습니다. 가족을 위한 건강한 먹을거리에 대한 관심은 살면서 그다지 염두에 두지 않았던 장에까지 미쳤고, 그때부터 장에 대한 저의 짝사랑이 시작되었습니다.

단호하게 어떤 제품이 좋다 나쁘다 하기보다는 제대로 된 재료를 이용해서 만들어졌고 각자의 입에 맞는 장을 고르는 게 중요하다고 생각합니다. 또 그런 수고는 한번쯤 해 보셔도 나쁘지 않을 듯합니다. 장을 고르기 너무 어려운 분들은 집 주변의 생협이나 한살림 매장을 찾아보는 것을 추천해드립니다.

그리고 그렇게 선택된 장들이 제 친구와 저의 요리책을 통해 책을 읽어주신 모든 분들의 식탁에서 빛을 발하는 순간이 오기를 기대해 봅니다.

장성록

만들기 쉽고 맛도 좋은
기본양념장 레시피를 소개합니다

    행복의 기준은 개인마다 달라 아주 주관적입니다. 혹자는 음악을 들으면서 행복해 하고 자녀가 공부를 잘하면 행복을 느끼는 사람도 있으며 누군가는 맛있는 것을 먹으면서 행복을 느끼기도 하지요.

    평생 매일 먹어야 하는 우리 집 밥상을 좀 더 건강하고 즐겁게, 누구나 따라 만들기 편한 요리책으로 소개해 보고 싶었습니다. 마음이 잘 맞는 두 요리 선생이 여름 내내 땀 흘렸던 결실이 또 한 권의 요리책으로 드디어 빛을 보게 되었네요.

    엄마, 아내, 요리 선생, 파워블로거… 저를 수식하는 많은 단어 중에 제일 듣기 좋은 건 엄마라는 단어입니다. 세상에서 가장 맛있는 집밥을 가족들에게 매일 선물해줄 수 있기 때문이죠. 이 요리책으로 모든 가정의 밥상에 따뜻한 행복이 전달되었으면 좋겠습니다.

    이 책은 읽으신 모든 분들이 건강하고 행복하시길 바랍니다.

이현주

contents 차례

프롤로그 · 4
도구 · 8
고추기름 만들기 · 10
생강술 만들기 · 11

PART 01 된장

아욱새우된장죽 · 14
호박잎된장국 · 15
배추조개된장국 · 16
채식된장찌개 · 17
시래기된장찜 · 18
멸치강된장 · 19
된장옹심이 · 20
장칼국수 · 21
된장소스덮밥 · 22
한방수육과파무침 · 23
된장닭볶음탕 · 24
소고기쌈장 · 25
샤브샤브샐러드 · 26
맥적 · 27
호박잎멸치찜 · 28
취나물팽이버섯찜 · 29
시금치호두무침 · 30
상추초된장겉절이 · 31
열무된장무침 · 32
고추무침 · 33

PART 02 고추장

볶음고추장과비빔밥 · 36
고추장파스타 · 37
고추장찌개 · 38
불닭채소떡볶음 · 39
매운바지락볶음 · 40
두절새우볶음 · 41
뱅어포깻잎구이 · 42
콩나물장떡 · 43
메밀전샐러드 · 44
버섯고추장샐러드 · 45
두부강정 · 46
곶감튀김조림 · 47
알감자고추장조림 · 48
우엉양념구이 · 49
표고버섯구이 · 50
배추볶음 · 51
샐러리마늘무침 · 52
마늘종땅콩무침 · 53
김무침 · 54
세발나물생채 · 55

PART 03 간장

- 마른홍합밥 · 58
- 우엉마늘밥 · 59
- 취나물새우밥 · 60
- 두부김밥 · 61
- 중국식연잎밥 · 62
- 김치두부국수 · 63
- 깻국탕 · 64
- 토란들깨탕 · 65
- 돼지고기장조림 · 66
- 소고기오이볶음 · 67
- 더덕소고기산적 · 68
- 오징어실채볶음 · 69
- 북어보푸라기 · 70
- 두부잡채 · 71
- 고구마단호박맛탕 · 72
- 호두마늘조림 · 73
- 우엉튀김조림 · 74
- 다시마팽이버섯조림 · 75
- 월과채 · 76
- 즉석양파장아찌와가지전 · 77
- 토마토장아찌 · 78
- 깻잎장아찌 · 79

PART 04 어간장

- 가지나물 · 82
- 고구마줄기볶음 · 83
- 깻잎순나물 · 84
- 꽃게탕 · 85
- 달걀만두 · 86
- 닭가슴살미역국 · 87
- 닭개장 · 88
- 돼지고기김치찌개 · 89
- 떡만둣국 · 90
- 매생이굴국 · 91
- 묵은지감자탕 · 92
- 미나리연포탕 · 93
- 방풍나물 · 94
- 복숭아미역냉국 · 95
- 불낙전골 · 96
- 비름나물 · 97
- 어간장쫄면 · 98
- 잔치쌀국수 · 99
- 쪽파김무침 · 100
- 청국장찌개 · 101
- 콩나물팽이버섯볶음 · 102
- 해물순두부찌개 · 103

utensils
도구

건지기

계량스푼

계량컵

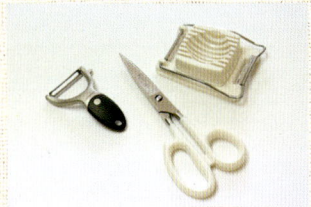
기타 도구들(감자칼, 가위, 달걀 커터)

나무주걱

도마와 칼

돌절구

동냄비

동전골냄비

볶음팬

스텐냄비

스텐사각프라이팬

스텐프라이팬

압력솥

잣갈이

즙짜기

찜통

채칼

채반

코팅프라이팬

고추기름 만들기

재료(대용량)
고춧가루 4큰술, 기름(식용유나 포도씨유) 500㎖, 생강 1톨, 대파 흰 부분 10cm

만들기
1 생강은 껍질을 벗겨 채 썰고, 대파는 송송 썬다. 냄비에 기름을 먼저 넣고 불을 켜서 기름을 약간 달군 후 대파와 생강을 넣고 약불에서 대파와 생강 향이 우러나도록 천천히 4~5분 끓여주고 불을 끈다.
  바글바글 끓을 때 고춧가루를 넣으면 수분이 없어서 탈 수 있기 때문에 불을 끄고 약 5분 정도 지나 기름의 온도가 조금 내려가면 고춧가루를 넣는다.
2 기름이 다 식으면 면보자기나 체에 걸러서 고추기름만 냉장고에 두고 먹는다.

· 고춧가루를 넣었을 때 기포가 전혀 안 생기고 바로 가라앉으면 다시 약불로 켜서 잠시 기름 온도를 높여준다.
· 이 방법으로 고추기름을 만들면 기름을 끓여 부어 만드는 것보다 고춧가루가 반 이상 절약된다.

즉석 고추기름 만들기
1 냄비에 식용유 3큰술과 고춧가루 3큰술을 넣고 약불에서 고추기름이 돌게 볶는다.
2 이때 고춧가루가 수분이 없어 타기 쉬우니 살짝만 볶는다.

생강술 만들기

재료(대용량)
생강 60g, 청주 500ml

만들기
1 생강은 칼로 껍질을 벗겨준다.
2 껍질을 벗긴 생강은 슬라이스해서 믹서에 갈아준다.
3 유리병에 생강을 넣고 청주를 부어준 후 냉장고에 보관한다.

• 생강을 채 썰거나 다져서 청주를 부어줘도 된다.
• 생강술을 만들어서 냉장고에 넣어두고, 생선이나 해물의 비린내나 고기의 누린내를 제거해야 할 때 사용한다.

PART
01

된장

된장은 콩으로 쑨 메주를 소금물에 익혀
간장을 떠내고 남은 메주를 발효시킨 것으로
음식의 감칠맛과 간을 맞추는 데 중요한 역할을 한다.

01 아욱새우된장죽

필수 재료
멥쌀 1컵
아욱 200g
칵테일 새우 100g
(4~5cm 20~25마리)
새송이버섯 1개(大)
참기름 3큰술
물 7컵
재래된장 2큰술
재래고추장 1/2큰술

1. 쌀은 씻어서 체에 걸러 30분 정도 불린다.

2. 아욱은 물을 5번 정도 바꿔가면서 주물러 초록색 물을 빼준다.

3. 새우는 내장과 꼬리를 제거하고 새송이버섯은 사방 0.5cm로 썰어준다. 아욱도 먹기 편한 크기로 썬다.

4. 냄비에 참기름을 2큰술 두르고 새우와 버섯을 볶아 새우가 빨갛게 변하면 바로 꺼내둔다.

5. 새우를 덜어낸 냄비에 참기름을 1큰술 더 추가하고 불린 쌀을 넣어 약한 불에서 3분 이상 볶는다.

6. 쌀에 물을 부어 끓기 시작하면 중약불로 줄인 후 아욱을 넣고 장을 풀어준다. 약불로 끓여 아욱이 익으면 새우와 버섯을 넣어준다.

02 호박잎된장국

필수 재료
호박잎 1/2단
(다듬은 양 200g)
멸치 육수 6컵
감자 1개(大)
풋고추 1개
재래된장 2.5큰술
고춧가루 1작은술
재래간장 약간
다진 생강 약간

육수
물 8컵
국물용 멸치 20마리
다시마(10*10cm) 1조각

1 멸치, 다시마를 물에 불린 후 불에 올려 끓으면 다시마는 건지고 멸치는 10분 더 끓인 후 건져내 육수 6컵을 만든다.

2 호박잎은 껍질을 벗겨준다.

3 호박잎을 볼에 넣고 물을 3~4번 바꿔가면서 손으로 주물러 푸른 물을 뺀다.

4 감자는 반달로 썰고 풋고추는 송송 썰고 호박잎은 한입 크기로 썬다.

5 육수에 호박잎과 감자, 생강을 넣고 끓이다가 중불로 줄인 후 된장, 고춧가루, 풋고추를 넣고 5분 더 끓여 재래간장으로 간을 맞춘다.

TIP
1. 호박잎을 주물러 푸른 물을 뺄 때 풍기는 풀 냄새는 국을 끓이면 없어진다.
2. 재래된장은 염도의 차이가 있으므로 처음에 2큰술로 간을 하고 마지막에 추가한다.

03 배추조개된장국

필수 재료
배추 1/2통(380g)
대파 1/2대
모시조개 1봉지
바지락 1봉지
물 7컵
재래된장 2.5큰술
어간장 약간

1. 조개는 소금물에 담가 해감을 한다.

2. 해감이 된 조개에 물 7컵을 넣고 조개가 입을 벌릴 때까지 중불에서 끓인다.

3. 배추는 한입 크기로 썰고 대파는 어슷하게 썬다.

4. 끓여둔 조개 육수에 배추를 넣고 배추가 숨이 죽을 때까지 끓인다.

5. 끓고 있는 국에 된장을 풀고 마지막 간은 어간장으로 맞춘다.

TIP
1. 작은 알배기배추는 한 통을 사용하고 중간 크기의 배추는 1/2통을 사용한다.
2. 조개 여러 가지로 육수를 내면 더 감칠맛이 나며, 장을 섞어 간을 하면 맛있는 국물을 낼 수 있다.

04 채식 된장찌개

필수 재료
무 한 토막
애호박 1/3개
새송이버섯 1개
느타리버섯 반 줌
두부 1/4모
양파 1/2개
풋고추 2개
다진 생강 약간
재래된장 2큰술

다시마 물
물 3.5컵
마른 표고버섯 5개
다시마(10*10cm) 1조각

1. 물 3.5컵에 마른 표고버섯과 다시마를 30분 이상 불린다.

2. 무, 양파, 두부, 애호박, 새송이버섯은 나박하게 썰고 느타리버섯은 먹기 좋게 썰고 고추는 송송 썬다.

3. 불린 다시마 물을 10분쯤 끓인 후 다시마는 건져내고 표고버섯은 먹기 좋은 크기로 썬다.

4. 준비한 다시마 물에 나박하게 썰어둔 무를 넣어 중불에서 끓인다.

5. 무가 익으면 애호박, 양파, 버섯, 두부, 풋고추, 생강 순서로 넣고 끓여준다.

6. 된장을 넣어 간을 맞추고 3분 정도 더 끓여준 후 불에서 내린다.

시래기된장찜

필수 재료
삶은 시래기 400g
멸치 육수 2컵
풋고추 1/2개
홍고추 1/2개

양념
재래된장 2큰술
재래고추장 1/2큰술
생강즙 1작은술
양조간장 1/2큰술
고춧가루 1/2큰술
들기름 1큰술

육수
물 3컵
국물용 멸치 20마리

1. 다듬은 멸치를 물에 넣고 10분 정도 중불로 끓인 후 멸치 육수 2컵을 받아둔다.

2. 삶아 준비한 시래기를 4cm 크기로 자르고 고추는 송송 썰어서 준비한다.

3. 시래기에 분량의 양념을 넣어준다.

4. 멸치 육수에 시래기를 넣고 약불에서 30분 정도 뚜껑을 덮고 충분히 익혀준다.

1. 삶아 파는 시래기도 깨끗이 씻고 삶아 3시간 이상 물에 불린다.
2. 멸치를 건져내지 않고 그대로 시래기와 끓이면 더 깊은 맛을 낼 수 있다.

멸치강된장

필수 재료
양파 1/2개
애호박 1/4개
가지 1개
느타리버섯 1줌
부추 반 줌
풋고추 1개
홍고추 1개
대파 2대
물 3컵
국물용 멸치 10마리
들기름 1큰술

양념
재래된장 5큰술
고춧가루 1큰술
어간장 3/4큰술
매실효소 1/2큰술
다진 마늘 1큰술
들기름 1큰술

1. 채소들은 사방 1cm 크기로 깍둑썰기 한다.

2. 멸치는 머리, 내장, 뼈를 제거해서 마른 팬에 살짝 볶는다.

3. 썰어둔 채소들에 양념을 버무려 들기름을 두른 냄비에 넣고 중불에서 3분 정도 타지 않게 볶아준다.

4. 다듬어둔 멸치와 물 3컵을 넣어 중불로 15~20분 정도 국물이 잦아들 때까지 조려준다.

 어간장이 없을 때는 재래간장을 사용한다.

07 된장옹심이

필수 재료
감자 4개(大)
애호박 1/5개
양파 1/4개
재래된장 1.5큰술
재래간장 1/2큰술

다시마 물
물 1.4L
마른 표고버섯 7개
다시마(10*10cm) 1조각
청양고추 1~2개

1. 냄비에 표고버섯을 넣어 볶다가 다시마를 넣어 더 볶은 후 물과 고추를 넣고 끓여 6컵의 다시마 물을 만든다.

2. 애호박은 0.2~0.3mm 두께로 반달로 썰고 양파는 0.4mm 두께로 채 썰고, 표고버섯은 굵게 채 썰어준다.

3. 감자는 껍질을 벗겨 강판에 갈아 면보자기에 넣고 짜준다.

4. 감자를 갈 때 나온 물을 받아서 5분쯤 두어 가라앉은 전분을 모아서 갈아놓은 감자 반죽에 섞어준다.

5. 갈아놓은 감자와 전분, 소금 1/4작은술을 섞어 지름 3cm 정도의 옹심이를 30개 정도 만든다.

6. 다시마 물에 된장을 풀고 옹심이를 넣고 끓이다가 떠오르면 애호박, 양파, 표고버섯을 넣고 7분쯤 끓인 후 재래간장으로 간을 맞춘다.

08 장칼국수

필수 재료
칼국수면 300g
애호박 1/4개
쌈배추 3장
느타리버섯 한 줌
청양고추 1개
생강 1톨
마른 고추 1개
식용유 1큰술
재래된장 3큰술

다시마 물
물 1.6L
마른 표고버섯 7개
다시마(10*10cm) 1조각

1. 표고버섯을 약불에서 볶다가 다시마를 넣어 더 볶은 후 물을 부어 끓여 7컵의 다시마 물을 만든다.

2. 애호박과 배추, 표고버섯은 채 썰고 청양고추는 송송 썬다. 생강은 잘게 다지고 마른 고추는 얇게 채 썬다.

3. 냄비에 식용유를 두르고 다진 생강과 마른 고추를 볶다가 된장 3큰술을 넣어 약불에서 3분 이상 볶는다.

4. 볶은 된장에 다시마 물 7컵을 넣고 끓기 시작하면 칼국수면을 넣어 끓인다.

5. 면이 거의 익었을 때 준비한 채소를 넣고 끓이고 간은 소금으로 맞춘다.

TIP
1. 마른 표고버섯을 볶아서 사용하면 깊은 맛의 다시마 물을 얻을 수 있다.
2. 생강은 된장의 떫은맛을 잡아준다.

09 된장소스 덮밥

필수 재료
감자 1.5개(中)
양파 1/4개(中)
애호박 1/4개
새송이버섯 1/2봉지
팽이버섯 1/4봉지
두부 1/4모
풋고추 2개
된장 3큰술

채수
물 4컵
마른 표고버섯 5개
다시마(10*10cm) 1조각
무 한 토막(60g)
생강 1톨

1. 물에 채수 재료를 불린 후 불에 올려 끓기 시작하면 다시마는 건져내고 10분 더 끓인다.

2. 채소와 두부는 한입 크기로 각둑썰기 한다.

3. 채수에 된장 3큰술을 풀고 감자, 애호박, 양파, 새송이버섯, 표고버섯을 넣고 끓인다.

4. 감자 1개는 강판에 갈아둔다.

5. 채소가 익으면 두부와 풋고추, 팽이버섯을 넣고 2분 정도 더 끓인다.

6. 갈아둔 감자를 된장소스에 넣고 농도를 맞춰 완성한다.

10 한방수육과 파무침

필수 재료
돼지고기 수육용 1kg
물 2L
시판 삼계탕용
한약재 1봉지
재래된장 1큰술
유기농설탕 1큰술
청주 1/4컵

파 무침
파채 180g
고춧가루 1/2큰술
양조식초 1/2큰술
매실효소 1큰술
양조간장 1큰술
참기름 1작은술
통깨 1/2큰술

1. 수육용 고기는 삼겹살로 준비하고 시판 삼계탕용 한약재도 1봉지 준비한다.

2. 고기는 크기에 따라 2~3등분한다.

3. 물 2L에 한약재를 넣어 20분 정도 끓여준다.

4. 우려낸 한약재 물에 된장과 설탕, 청주를 넣고 간을 해준 후 고기를 넣는다.

5. 끓는 물에 고기를 넣고 40분 정도 푹 삶아준 후 꺼내서 찬물에 재빨리 헹구고 썰어 완성한다.

TIP
1. 고기를 삶을 때 설탕을 조금 넣어주면 연육작용을 한다.
2. 고기를 익힌 후 찬물에 재빨리 헹궈주면 고기의 식감이 좋아진다.

된장닭볶음탕

필수 재료
닭 정육 850g
감자 2개(中)
양파 2개(中)
대파 1대
풋고추 1개
홍고추 1개
매실효소 1큰술

양념
재래된장 2큰술
양조간장 4큰술
어간장 1/2큰술
다진 마늘 1큰술
고춧가루 2큰술
조청 1큰술
설탕 1큰술
청주 3큰술
참기름 1큰술

1

닭 정육은 깨끗하게 씻고 기름을 제거한 후 매실효소 1큰술을 넣어 재워둔다.

2

감자, 양파는 8등분으로 썰고 파와 고추는 어슷하게 썬다.

3

분량의 재료들을 섞어서 양념을 만든다.

4

냄비에 닭고기와 채소를 넣고 양념을 부어 센불로 5분쯤 끓이다가 중불로 줄여서 뚜껑을 닫고 고기가 익을 때까지 20분 이상 익혀준다.

 TIP
1. 매실효소로 밑간을 하면 연육작용 효과가 있다.
2. 물을 넣지 않아도 채소에서 수분이 충분히 나오므로 불 조절을 잘하면서 익혀준다.

소고기쌈장

필수 재료
소고기 간 것 150g
(+매실효소 1큰술)
양파 1/2개
풋고추 1개
홍고추 1개
다진 마늘 1작은술
식용유 1작은술

양념
재래된장 3큰술
고추장 1큰술
양파 1/2개

1. 소고기는 핏물을 제거하고 매실효소 1큰술로 밑간을 해둔다.

2. 양파 1/2개를 강판에 갈아 양념에 섞어 놓는다.

3. 양파와 고추는 사방 0.6cm 크기로 썰어둔다.

4. 달군 팬에 식용유를 두르고 마늘을 볶다가 양파를 넣어 2~3분 더 볶은 후 고기를 넣어 볶아준다.

5. 고기가 다 익으면 준비된 양념과 고추를 넣어 2분 정도 더 볶은 후 완성한다.

TIP
1. 고기를 매실효소에 재워두면 고기 냄새를 제거하고 연육작용도 한다.
2. 상추나 양배추 찐 것 다시마쌈과 함께 먹으면 좋다.

샤브샤브 샐러드

필수 재료
소고기
샤브샤브용 300g
느타리버섯 1팩
양파 1/2개, 깻잎 10장
미나리 한 줌
노랑, 빨강
파프리카 1/2개씩
파채 반 줌

고기 데칠 물
물 5컵, 대파 뿌리 2개
귤껍질 말린 것 1큰술
통후추 10알, 양파 1/4개
청주 1큰술
양조간장 1작은술
소금 1/4작은술

샐러드 소스
고기 데친 물 1/2컵
매실효소 2큰술
고춧가루 1작은술
물엿 1큰술
참기름 1큰술
청주 1큰술
다진 마늘 1작은술
통깨 간 것 1/4컵
다진 잣 2큰술
연겨자 1작은술
소금 1/8작은술

1. 고기 데칠 재료를 냄비에 넣고 10분쯤 중불에서 끓인 후 걸러서 물만 받아 청주, 간장, 소금으로 간을 한다.

2. 간을 해둔 물을 끓여 버섯을 먼저 데친다.

3. 버섯을 데쳐낸 물에 소고기를 4~5장씩 넣어서 데친다.

4. 버섯은 손으로 찢어서 준비하고 양파와 깻잎 등의 채소는 채 썬다.

5. 고기를 데친 물 1/2컵에 분량의 재료들을 넣어 샐러드 소스를 만든다.

TIP
1. 고기 데칠 때 대파 뿌리나 귤껍질 대신 대파, 생강 1톨, 월계수 잎으로 대체 가능하다.
2. 소스에 감칠맛을 원하면 잣 대신 땅콩잼(크리미)을 2큰술 넣어도 된다.

14 맥적

필수 재료
돼지고기 목살 350g

양념
재래된장 1큰술
양조간장 1작은술
다진 마늘 1작은술
설탕 1/2큰술
물엿 1작은술
청주 1큰술
참기름 1/2큰술
부추 반 줌(20g)

1. 고기는 칼로 다지듯이 두들겨서 잘 펴준다.

2. 부추는 잘게 썰어준다.

3. 분량의 재료와 부추를 넣어 양념을 만든다.

4. 양념에 고기를 재워둔다.

5. 달군 팬에 양념이 타지 않게 고기를 구워준다.

TIP
1. 양념을 만들 때 설탕을 잘 녹여주어야 한다.
2. 고기를 팬에서 80% 정도 익혀주고 마지막에 석쇠로 구워주면 풍미가 더 좋아진다.

호박잎멸치찜

필수 재료
호박잎 20장(150g)
멸치 10마리
양파 1/3개(中)
홍고추 1개
풋고추 1개
물 1컵

양념
재래된장 1.5큰술
양조간장 1큰술
맛술 1큰술
다진 마늘 1작은술
쪽파 4뿌리
참기름 1큰술

1

멸치는 내장과 머리, 뼈를 제거하고 깨끗하게 다듬어둔다.

2

양파는 채 썰어 2등분하고 홍고추, 풋고추, 쪽파는 잘게 다져둔다.

3

분량의 양념을 만든다.

4

호박잎에 양념을 켜켜이 발라준다.

5

냄비에 다듬어둔 멸치를 깔고 양념에 재운 호박잎과 물 1컵을 냄비에 부어 쪄낸다.

 TIP
1. 호박잎은 줄기를 벗겨서 부드럽게 만들어준다.
2. 멸치는 뼈를 제거해야 부드럽게 먹을 수 있다.

16 취나물팽이버섯찜

필수 재료
취나물 150g
팽이버섯 100g
날콩가루 3/4컵

양념
재래된장 1큰술
양조간장 1큰술
고춧가루 1큰술
매실효소 1큰술
참기름 1큰술
통깨 1/2큰술

1. 취나물은 씻어서 물기가 묻어 있을 때 날콩가루 1/2컵을 솔솔 털어가며 묻힌다.

2. 팽이버섯도 흐르는 물에 살짝 씻어 물기가 남아 있을 때 나머지 날콩가루를 묻힌다.

3. 김 오른 찜통에 취나물을 넣고 센불에서 3분 정도 익혀준다.

4. 날콩가루의 비린내가 사라지면 취나물 위에 팽이버섯을 넣고 1~2분 가량 더 쪄준다.

5. 분량의 재료를 섞어 양념을 만든다.

6. 취나물과 팽이버섯에 양념을 넣고 살살 섞어서 골고루 버무린다.

17

시금치 호두무침

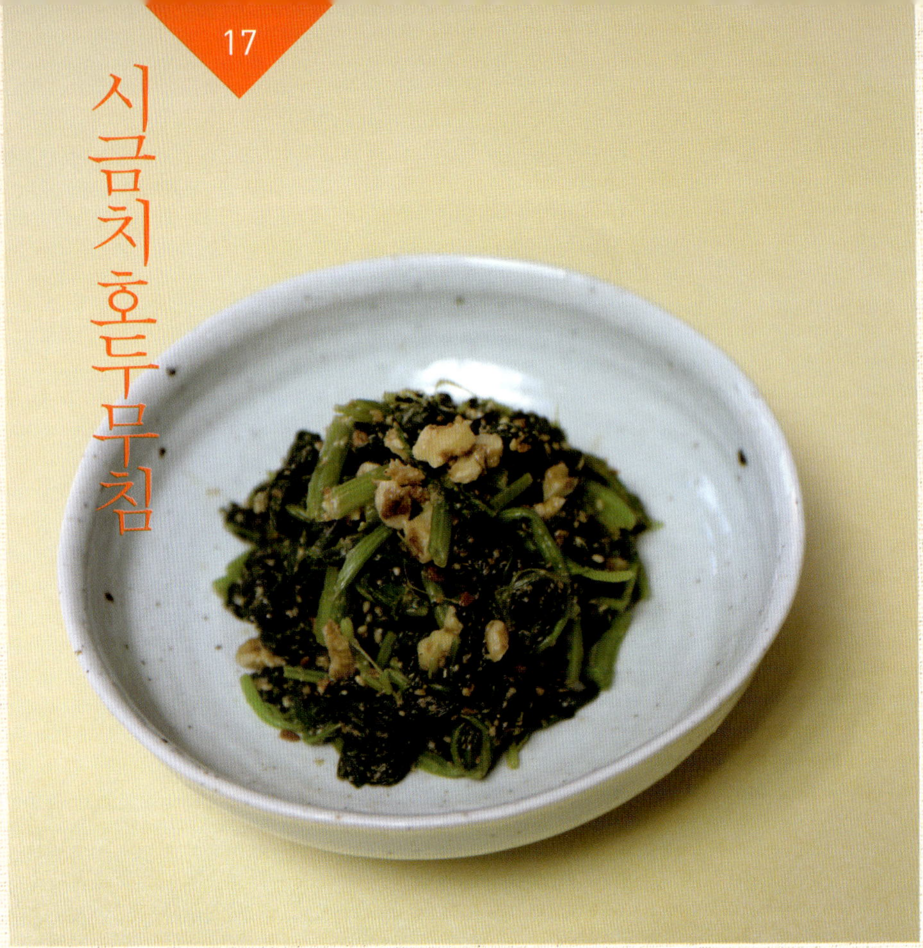

필수 재료

시금치 1단(350g)
다진 호두 2큰술
물 3컵
소금 1작은술

양념

재래된장 1큰술
매실효소 1/2작은술
통깨 1큰술

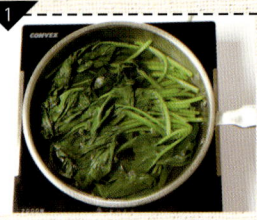

1

시금치는 깨끗하게 다듬어 끓는 소금물(물 3컵+소금 1작은술)에 데쳐 찬물에 헹궈둔다.

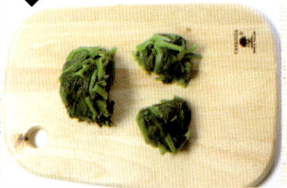

2

찬물에 헹군 시금치는 꼭 짜서 먹기 편한 크기로 썰어준다.

3

분량의 양념을 만들어 시금치와 호두를 넣고 잘 무쳐준다.

TIP

포항초가 나올 때 만들면 좋다.

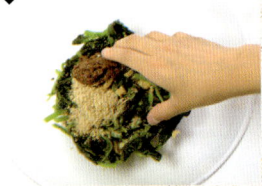

18 상추초된장겉절이

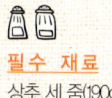

필수 재료
상추 세 줌(190g)

양념
재래된장 1.5큰술
양조식초 1/2큰술
매실효소 1큰술
다진 마늘 1/2작은술
통깨 1큰술
다진 쪽파 1큰술
다진 홍고추 1큰술
참기름 1/2큰술

1. 상추는 깨끗하게 씻어 먹기 편한 크기로 썰어준다.

2. 분량의 양념을 섞어 준비한다.

3. 준비된 재료를 모두 섞어준다.

TIP 상추 겉절이는 간이 배면 금방 숨이 죽어 버리므로 먹기 직전에 버무려낸다.

열무된장무침

필수 재료
열무 350g
(다듬은 양 200g)
풋고추 1/2개
홍고추 1/2개
물 4컵
소금 1작은술

양념
재래된장 1/2큰술
재래고추장 1/2큰술
들기름 1큰술
다진 마늘 1작은술
다진 파 1큰술
들깨가루 1큰술
매실효소 1작은술
재래간장 약간

1. 열무는 뿌리, 시들거나 상한 부분을 다듬어 깨끗하게 씻어둔다.

2. 크고 빳빳한 열무는 15분, 여린 열무는 7분 이상 소금물(물 4컵+소금 1작은술)에 데쳐준다.

3. 데친 열무는 찬물에 헹궈 3cm 크기로 자르고, 고추도 송송 썰어둔다.

4. 분량의 양념을 준비한다.

5. 준비한 열무에 양념을 넣어 바락바락 주물러준다.

TIP
1. 열무된장무침은 여름에 보리밥과 함께 먹으면 좋다.
2. 마지막 간은 재래간장으로 맞추고, 단맛을 좋아할 경우 매실효소를 약간 넣어준다.

20 고추무침

필수 재료
아삭이고추(오이고추) 5~6개

양념
재래된장 2큰술
매실효소 1큰술
물엿 1작은술
다진 마늘 1작은술
참기름 1큰술

1. 고추는 한입 크기로 송송 썰어둔다.

2. 썰어둔 고추를 물에 담가 씨를 털어낸다.

3. 양념을 만든다.

4. 준비해둔 고추를 양념에 무쳐준다.

TIP
1. 재래된장의 염도가 다르므로 간을 보고 가감한다.
2. 쌈밥이나 고기 먹을 때 곁들이면 좋고, 매운맛을 좋아하면 청양고추와 섞어 만든다.

PART
02

고추장

고추장은 쌀가루에 메줏가루, 고춧가루, 소금 등을
넣어 만들어 매운맛, 단맛, 감칠맛이 풍부한
우리 고유의 발효식품이다.

01 볶음고추장과 비빔밥

필수 재료
콩나물 1봉지
(+소금 1/2작은술,
참기름 1큰술,
통깨 약간, 물 1컵)
무 200g
(+고춧가루 1큰술,
유기농설탕 1큰술,
양조식초 1큰술,
소금 1작은술,
생강즙 약간)
상추 8장
부추 한 줌
북어보푸라기 약간
달걀 노른자 1개

볶음고추장
고추장 3큰술
물 3큰술
간장 1작은술
다진 파 1작은술
다진 마늘 1작은술
참기름 1/2큰술
다진 잣 1큰술
통깨 1작은술
꿀 1큰술

1. 잣과 꿀을 제외한 볶음고추장 재료를 타지 않게 4분 정도 볶아준 후 식으면 잣과 꿀을 넣어 완성한다.

2. 무는 0.2~0.3cm 두께로 채 썰어서 분량의 양념을 넣어 무친다.

3. 냄비에 콩나물과 물 1컵을 비린내가 안 나도록 뚜껑을 닫고 삶다가 찬물에 담가 아삭한 맛을 살려준다.

4. 상추와 부추는 먹기 편한 크기로 채 썰어 준비한다.

TIP
1. 북어보푸라기는 따로 만들어 준비한다.(북어보푸라기 p.70 참고)
2. 콩나물은 삶아서 바로 찬물에 넣어 헹궈야 아삭함이 살아난다.

고추장파스타

필수 재료

스파게티면 160g(2인분)
닭가슴살 100g
새송이버섯 2개
느타리버섯 한 줌
샐러리 1/2대
양파 1/2개
마늘 2쪽
바질 잎 4~5장(또는 말린 바질 1/4작은술)
오레가노 1/4작은술
고추장 1.5큰술
유기농설탕 1큰술
물 1/2컵
토마토홀 캔 1개(2컵)
소금 1작은술
후추 약간
올리브유 2큰술
적포도주 1큰술

1. 닭가슴살은 1cm 크기로 썰어 소금, 후추로 밑간을 하고 버섯과 샐러리, 양파, 마늘은 잘게 다져준다.

2. 캔에 담긴 토마토는 손으로 주물러 으깬다.

3. 달군 팬에 올리브유를 2큰술 두르고 마늘, 양파, 샐러리를 약불에서 천천히 볶아 향을 내준다.

4. 마늘이 다 볶아지면 닭고기와 바질, 오레가노를 넣고 볶다가 적포도주 1큰술을 넣어 잡냄새를 제거한다.

5. 4에 으깬 토마토와 물, 고추장, 설탕, 약간의 소금과 후추를 넣어 재료가 잘 섞이도록 3분 정도 중불에서 끓인다.

6. 면을 삶아 준비된 소스와 섞는다.

03 고추장찌개

필수 재료
소고기 100g
감자 2개(300g)
애호박 1/2개
양파 1/2개
새송이버섯 1개
풋고추 1/개
대파 1/2대
물 4컵
어간장 약간

양념
고추장 2큰술
다진 마늘 1/2큰술
고춧가루 1큰술
들기름 2큰술

1. 소고기, 감자, 양파, 애호박, 새송이버섯은 한입 크기로 썰고 파는 1cm 길이로 썰고 고추는 어슷썰기 한다.

2. 냄비에 들기름 2큰술을 넣고 고추장, 다진 마늘, 고춧가루를 넣어 약불에서 타지 않도록 볶는다.

3. 마늘이 익고 냄비에 작은 거품들이 일면서 끓을 때까지 볶는다.

4. 먼저 고기를 넣어 익힌다.

5. 고기가 익으면 썰어둔 채소와 파를 넣고 양념이 섞이도록 볶는다.

6. 채소가 반쯤 익었으면 물 4컵을 넣고 5분쯤 끓인 후 고추를 넣고 마지막 간을 본다.

04 불닭채소떡볶음

필수 재료
닭 정육 4조각(400g)
가래떡 1줄
감자 2개(中)
양파 1개
당근 1/2개
감자 전분 1/4컵
매실효소 1큰술
소금, 후추 약간씩
식용유 약간

양념
고추장 3큰술
고춧가루 4큰술
양조간장 1큰술
유기농설탕 2큰술
물엿 3큰술
다진 마늘 2큰술
생강술 2큰술

1. 닭 정육에 매실효소 1큰술과 소금, 후추를 조금씩 뿌려 재운다.

2. 가래떡, 감자, 당근, 양파는 한입 크기로 썰어준다.

3. 달군 식용유에 감자, 당근, 양파를 익힌다.

4. 딱딱한 떡은 튀기면 터질 수 있으므로 말랑한 상태의 떡을 팬에 지져낸다.

5. 재워둔 닭에 전분을 입혀 껍질 쪽부터 지진다.

6. 양념을 팬에서 한 번 끓여준 후 준비한 재료를 넣고 섞는다.

05 매운바지락볶음

필수 재료
바지락 500g
양파 1/4개
홍고추 1개
쪽파 1뿌리
마늘 4쪽
고추기름 2큰술

양념
고추장 1/2큰술
양조간장 1작은술
설탕 2작은술
시판 자장가루 2작은술
생강술 1큰술
참기름 1큰술

1. 바지락은 물에 담가 깨끗하게 씻는다.

2. 양파, 홍고추, 쪽파, 마늘을 모두 다진다.

3. 분량의 재료를 섞어 양념을 만든다.

4. 팬에 고추기름을 두르고 다진 마늘과 파를 넣어 타지 않게 볶아준 후 마늘 향이 올라오면 양파도 넣어 타지 않게 볶아준다.

5. 양파가 투명해지면 센불로 바지락을 넣어 볶는다. 바지락이 입을 벌리면 양념을 넣고 빨리 섞어준 후 완성한다.

TIP
1. 고추맛기름이 아닌 고추기름이나 고추씨기름을 구입한다.
2. 바지락이 입을 벌려야 익은 것이므로 바지락이 입을 벌리지 않으면 더 볶아야 한다.

06 두절새우볶음

필수 재료
두절새우 100g
식용유 2큰술

양념
고추장 1.5큰술
케첩 1큰술
물엿 1큰술
조미술 1큰술
매실효소 1큰술
간장 1/2큰술
설탕 1작은술
다진 마늘 1큰술
참기름 1큰술
통깨 약간
식용유 약간

1. 두절새우는 체에 털어 부스러기를 걸러낸다.

2. 잘 달군 팬에 식용유를 2큰술 두르고 두절새우를 약한 불에서 2~3분 볶아준다.

3. 다른 팬에 식용유를 약간 두르고 다진 마늘을 볶다가 분량의 재료를 넣어 양념을 끓인다.

4. 양념에 볶아둔 새우를 넣고 섞는다.

TIP 두절새우는 머리를 떼고 가공한 건새우를 말하는데 볶음용으로 좋다.

07 뱅어포 깻잎구이

필수 재료
뱅어포 3장
깻잎 18~20장
쪽파 약간
통깨 약간
식용유 약간

양념
고추장 2큰술
양조간장 1작은술
조청 2큰술
설탕 1작은술
청주 1/2큰술
다진 마늘 1작은술
참기름 1/2큰술

1. 뱅어포는 젖은 행주로 닦아준 후에 반으로 잘라준다.

2. 분량의 재료를 섞어 양념을 만든다.

3. 뱅어포를 깔고 양념을 고르게 발라준다.

4. 양념을 바른 뱅어포 위에 깻잎을 2~3장 덮어준다. 뱅어포-양념-깻잎 순으로 포개준다.

5. 달군 팬에 식용유를 발라준 후 뱅어포를 굽는다.

TIP
1. 뱅어포의 색이 누렇게 변한 것은 피해서 구입한다.
2. 미리 양념에 재워뒀다가 먹기 직전에 구워 먹으면 좋다.

08 콩나물장떡

필수 재료
콩나물 300g
밀가루 1컵
감자 전분 2큰술
물 1컵
홍고추 2개
재래고추장 1큰술
재래된장 1큰술
식용유 약간
소금 약간

1. 콩나물은 씻어서 뚜껑을 열고 끓는 소금물에 3~4분 정도 데친다.

2. 데친 콩나물은 찬물에 식혀 1cm 길이로 썰어준다.

3. 홍고추 2개는 반 갈라 씨를 제거한 후 물 1컵과 함께 갈아준다.

4. 홍고추를 간 물과 밀가루, 전분, 고추장, 된장, 썰어둔 콩나물을 잘 섞어 반죽을 만든다.

5. 달궈진 팬에 식용유를 두르고 전을 부친다.

TIP
1. 콩나물을 잘게 다져야 지저분하게 빠져나오지 않아서 예쁜 모양을 만들 수 있다.
2. 홍고추 간 물을 넣어야 색이 곱게 난다.

09 메밀전샐러드

필수 재료
메밀가루 1컵
물 1컵
소금 1/2작은술
팽이버섯 30g
영양부추 30g
치커리 30g
풋고추 1개
홍고추 1/2개

샐러드 소스
고추장 1큰술
고춧가루 1큰술
양조식초 1큰술
양조간장 1작은술
설탕 1/2큰술
매실효소 1큰술

1. 물 1컵에 소금을 풀어준 후 메밀가루 1컵을 섞어 반죽을 만든다.

2. 달군 팬에 전을 부쳐준다.

3. 분량의 재료를 섞어 샐러드 소스를 만든다.

4. 준비한 채소는 3~4cm 길이로 썰어준다.

5. 채소에 샐러드 소스를 잘 섞은 후 메밀전 위에 올려 완성한다.

TIP
1. 메밀가루는 메밀 함량이 높은 것을 고르고, 도토리가루를 이용해도 된다.
2. 피자처럼 샐러드를 올려줘도 좋고 김밥처럼 돌돌 말아서 썰어 먹어도 좋다.

10 버섯고추장샐러드

필수 재료
은이버섯 한 덩이
황금버섯 한 덩이
생목이버섯 한 줌
오이 1/4개
양파 1/4개

샐러드 소스
고추장 2작은술
마요네즈 2작은술
설탕 1작은술
양조식초 1작은술
매실효소 1큰술
다진 마늘 1/3작은술
참기름 1/2작은술
소금 약간

1. 은이, 황금, 목이버섯은 미지근한 물에 1시간 정도 불려준다.

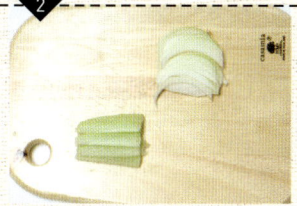

2. 오이와 양파는 채 썰어 준비한다.

3. 버섯은 끓는 물에 살짝 데쳐 한입 크기로 잘라준다.

4. 분량의 샐러드 소스를 만든다.

 TIP
1. 은이버섯이나 황금버섯이 없으면 목이버섯만으로 만들어도 좋다.
2. 채소는 어떤 것이든 곁들여도 좋다.

두부강정

필수 재료

부침용 두부 1모(500g)
캐슈넛 1/3컵
풋고추 1개
홍고추 1개
감자 전분 1/2컵
식용유 약간

소스

고추장 2큰술
유기농설탕 1/2큰술
물엿 2큰술
양조간장 1/3큰술
물 4큰술

1. 두부는 깍둑썰기 한다.

2. 고추는 잘게 다진다.

3. 두부에 전분을 묻혀둔다.

4. 잘 달궈진 식용유에 두부를 노릇하게 튀겨낸다. 캐슈넛도 노릇하게 튀겨낸다.

5. 분량의 소스 재료와 다진 고추를 팬에 넣고 설탕이 녹을 정도로 끓여준다.

6. 튀긴 두부와 캐슈넛을 소스에 넣어 버무려낸다.

12 곶감튀김조림

필수 재료
곶감말랭이 20개
감자 전분 1/2컵
물 1/2컵
식용유 약간

양념
고추장 2큰술
유기농설탕 1큰술
물엿 1큰술
물 2큰술
다진 마늘 1/2작은술

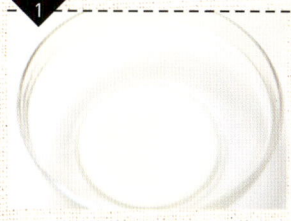
1. 감자 전분에 물을 부어서 전분을 5분쯤 불려준 후 윗물을 살짝 따라내 전분물을 만들어둔다.

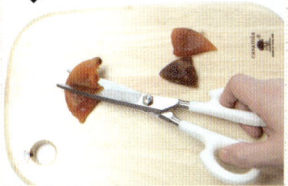
2. 곶감말랭이는 그대로 사용하고 일반 곶감을 쓸 경우 4등분해서 씨를 제거한다.

3. 곶감에 전분물을 묻힌다.

4. 160도로 달궈진 식용유에 곶감을 튀긴다.

5. 양념 재료들을 팬에 넣고 설탕이 녹을 정도로 끓여준다.

6. 튀긴 곶감을 양념에 버무려준다.

알감자 고추장조림

필수 재료
알감자 1kg
물 1L
굵은 소금 1큰술
식용유 3큰술

양념
고추장 1.5큰술
양조간장 1.5큰술
고춧가루 1/2큰술
유기농설탕 1큰술
청주 1큰술
물엿 2큰술
다진 마늘 1작은술
물 1/4컵

1. 알감자는 물에 담가 흙을 불려 부드러운 수세미로 살살 비벼가면서 닦아준다.

2. 감자에 물 1L와 굵은 소금 1큰술을 넣어 센불에서 10분간 젓가락이 쏙 들어갈 정도로 삶아 건져둔다.

3. 팬에 식용유를 3큰술 두르고 약불에서 감자 껍질이 쭈글쭈글해질 때까지 지져준 후 식혀둔다.

4. 팬에 분량의 양념을 넣고 설탕이 녹을 정도로 끓여준다.

5. 양념에 감자를 넣고 윤기가 날 때까지 조려준다.

TIP
1. 감자 싹은 깨끗하게 제거하고, 크기가 굵은 알감자는 삶는 시간을 늘려준다.
2. 식용유에 알감자를 약불에서 20분 이상 뒤집어가며 껍질이 쭈글쭈글해질 때까지 지져준다.

우엉양념구이

필수 재료
우엉 2대(350g)
식용유 약간
참기름 약간
다진 잣 약간

양념
고추장 2큰술
고춧가루 1큰술
물엿 1큰술
유기농설탕 1/2큰술
양조간장 2작은술

1. 우엉은 부드러운 수세미로 흐르는 물에 깨끗하게 씻고 5~6cm 길이로 썰어 반으로 가른다.

2. 썰어둔 우엉은 김 오른 찜통에 넣고 10~15분가량 쪄서 90% 이상 익혀준다.

3. 분량의 재료를 섞어 양념을 만든다.

4. 익힌 우엉을 밀대나 방망이로 두들겨 얇게 펴준다.

5. 얇게 펴놓은 우엉에 양념을 발라 간이 배게 한다.

6. 달군 팬에 식용유와 참기름을 섞어 발라준 후 우엉이 타지 않게 구워준다.

표고버섯구이

필수 재료
마른 표고버섯 10개
들기름 약간

양념
고추장 2큰술
양조간장 1/2큰술
물엿 1큰술
다진 마늘 1/2작은술
들기름 1/2큰술

1. 마른 표고버섯을 잠길 정도의 충분한 물에 담가 버섯 기둥이 말랑해질 때까지 불려준다.

2. 가위로 버섯 기둥을 제거한다.

3. 버섯 안쪽에 벌집 모양으로 칼집을 낸다.

4. 분량의 재료를 섞어 양념을 만든다.

5. 버섯 안쪽에 양념을 골고루 얇게 펴 발라준다.

6. 잘 달군 팬에 들기름을 살짝 두르고 표고버섯의 등쪽부터 약불에서 천천히 구워준다.

16 배추볶음

필수 재료
배추 1/4통(450g)(中)
다진 생강 1/2작은술
마른 고추 1개
식용유 약간
전분물
(감자 전분 1큰술
+물 1큰술)
청고추 1/2개
홍고추 1/2개

양념
고추장 2큰술
양조간장 1/2큰술
매실효소 1큰술
청주 1큰술

1. 배추는 세로로 길게 썰어주고 고추는 어슷하게 썬다.

2. 끓는 물에 배추를 2분 정도 데쳐 찬물에 헹궈둔다.

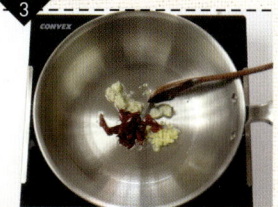
3. 달군 팬에 식용유를 두르고 어슷썰기 한 마른 고추와 생강을 볶아 향을 내준다.

4. 분량의 양념도 같이 넣어 볶아준다.

5. 데쳐둔 배추를 넣어 잘 섞으며 볶고 전분물을 섞어 완성한다.

TIP 식용유 대신 고추기름을 쓰면 더욱 얼큰한 맛을 낼 수 있다.

샐러리 마늘무침

필수 재료
마늘 25~30쪽(150g)
샐러리 3대(100g)

양념
고추장 2.5큰술
고춧가루 2작은술
양조간장 1작은술
양조식초 1.5큰술
유기농설탕 1큰술
물엿 2큰술
소금 약간

1. 마늘은 큰 것은 2등분하여 끓는 물에 넣고 2분 정도 데쳐준다.

2. 샐러리는 감자 깎는 칼로 껍질을 제거한다.

3. 샐러리는 먹기 좋게 마늘 크기로 썰어준다.

4. 샐러리를 물에 담가둔다.

5. 분량의 재료를 섞어 양념을 만든다.

6. 데쳐둔 마늘과 샐러리를 양념에 버무린다.

18 마늘종땅콩무침

필수 재료
마늘종 20줄기
다진 땅콩 2큰술
물 4컵
굵은 소금 1작은술

양념
고추장 2큰술
고춧가루 1큰술
양조간장 2작은술
유기농설탕 1큰술
물엿 1큰술
참기름 1/2큰술

1. 마늘종은 4cm 길이로 잘라둔다.

2. 물 4컵이 끓기 시작하면 소금을 넣고 마늘종이 파랗게 될 때까지 2분 정도 데쳐서 찬물에 담가 놓는다.

3. 분량의 양념을 만든다.

4. 마늘종의 물기를 제거하고 다진 땅콩과 함께 양념에 버무려낸다.

 TIP 땅콩에서 씁쓸한 맛이 나지 않게 국내산을 사용하고, 씹는 맛을 좋아한다면 다지지 않은 땅콩을 넣는다.

김무침

필수 재료
김 10장
통깨 1큰술

양념
양조간장 2큰술
조청 1큰술
설탕 1큰술
고추장 1/2큰술

1. 김을 달군 팬에 앞뒤로 타지 않게 구워준다.

2. 구운 김은 4cm 크기로 찢어준다.

3. 분량의 양념 재료들을 팬에 넣고 설탕이 녹을 때까지 끓여준다.

4. 양념에 열기가 남아 있을 때 구운 김을 넣고 재빨리 섞어준 후 통깨를 뿌려 완성한다.

TIP
1. 시판용 구운 김을 사용해도 무방하다.
2. 김을 섞을 때는 재빨리 섞어서 양념이 고루 잘 묻도록 한다.

20 세발나물생채

필수 재료
세발나물 200g
양파 1/2개(小)
홍고추 1개

양념
고추장 3큰술
양조식초 2.5큰술
양조간장 1작은술
설탕 1/2큰술
소금 1/3작은술
매실효소 2큰술
사과 1/4개
마늘 2쪽

1. 세발나물의 억센 뿌리 부분은 다듬고 물에 담가서 씻어준다.

2. 홍고추와 양파는 채 썬다.

3. 사과 1/4개와 마늘을 매실효소와 함께 믹서에 갈아서 다른 재료들과 섞어 양념을 만든다.

4. 세발나물과 홍고추, 양념을 잘 섞어준다.

TIP
1. 세발나물은 물에 담가서 씻어줘야 속에 숨어 있는 검불까지 제거할 수 있다.
2. 일반 설탕 대신 유기농설탕을 사용한다면 2/3큰술 이상 넣어야 한다.

PART 03

간장

간장은 메주에 소금물을 부어 익혀 떠낸
장물로서 우리음식의 기본이자 대표적인 전통 장이다.

01 마른홍합밥

필수 재료
멥쌀 2컵
마른 홍합 1/2컵
참기름 1큰술
재래간장 1/2큰술
물 2.5컵

1. 마른 홍합은 씻어서 물에 3시간 이상 불려준다.

2. 쌀은 찬물에 씻고 체에 걸러 30분쯤 불려준다.

3. 불린 쌀과 홍합은 냄비에 참기름을 두르고 약불에서 천천히 볶아준다.

4. 쌀이 투명해지기 시작하면 홍합 불린 물과 간장을 부어 끓여준다.

5. 센불에서 끓기 시작하면 중불로 줄이고 밥물이 잦아들면 약불로 10분간 뜸을 들이면 완성된다.

 TIP
1. 스테인리스 냄비나 무쇠솥을 사용할 때는 처음부터 약불로 30분쯤 끓이면 밥이 된다.
2. 볶는 부분까지는 냄비로 하고 전기밥솥으로 옮겨서 밥을 해도 된다.

02 우엉마늘밥

필수 재료
우엉 1/2대(大)
멥쌀 1.5컵
마른 표고버섯 5개
당근 1/4개
마늘 10쪽
물 2.5컵
재래간장 1/2큰술
들기름 약간
식용유 약간

1. 쌀을 찬물에 씻고 체에 걸러 30분 이상 불려준다.

2. 마른 표고버섯은 씻은 후 물 2.5컵을 부어 불려준다.

3. 마늘은 편으로 썰어 물에 담갔다가 약불에서 식용유에 옅은 갈색이 될 때까지 튀긴다.

4. 우엉은 씻어준 후 채 썬다. 표고버섯도 물기를 제거하여 채 썰고, 당근도 우엉 길이에 맞춰 채 썬다.

5. 냄비에 들기름 2큰술을 두르고 중불에서 우엉을 3분쯤 볶다가 표고버섯과 당근을 넣어 1~2분 더 볶는다.

6. 불려둔 쌀을 냄비에 넣고 표고버섯 불린 물 2컵을 넣어 밥을 짓는다.

취나물새우밥

필수 재료
멥쌀 2컵
찹쌀 1/2컵
취나물 300g
(+물 3컵,
소금 1작은술)
마른 새우 30g
다시마(10*10cm) 1조각
다시마 물 4컵
참기름 약간
재래간장 1큰술

1. 물 4컵에 다시마 1조각을 30분 이상 담가 다시마 물을 만들어둔다.

2. 쌀은 찬물에 씻어서 체에 걸러 30분 이상 불려준다.

3. 취나물은 다듬어서 끓는 소금물(물 3컵+소금 1작은술)에 줄기가 익을 정도로 데쳐준다.

4. 달궈진 냄비에 참기름을 두르고 불린 쌀을 넣어 3분 이상 볶아준다.

5. 마른 새우와 삶아둔 나물은 먹기 편한 크기로 썰어 쌀과 같이 볶아준다.

6. 볶은 쌀에 분량의 다시마 물과 간장 1큰술을 넣어 밥을 짓는다.

04 두부김밥

필수 재료
밥 2공기
(+참기름 2작은술,
소금 1작은술)
두부 1모
구운 김 4장
단무지 4줄
우엉조림 8줄
오이 1/2개
(+소금 1/4작은술,
설탕 1/2작은술,
물 1/2큰술)
당근 1/3개
(+소금 1/4작은술,
참기름 약간)
식용유 약간

양념
물 8큰술
간장 3큰술
조청 2큰술

1. 밥은 고슬고슬하게 지어서 참기름과 소금을 넣어 밑간을 한다.

2. 단무지는 물에 씻고, 오이는 세로로 4등분하여 씨를 제거하고 소금, 설탕, 물을 넣고 밑간한다.

3. 당근은 굵게 채 썰어서 끓는 물에 3분간 데친 후 소금과 참기름으로 밑간한다.

4. 두부는 물기를 제거한 후 굵게 채 썰어서 식용유에 지진 다음 끓고 있는 양념에 넣어 윤기가 날 때까지 센불에서 조려준다.

5. 김 위에 밥을 얇게 펴고 재료를 넣어 말아준다.

TIP
1. 김은 구운 김밥용 김을 사용하고, 두부는 단단한 부침용을 사용한다.
2. 두부를 조릴 때 마지막에 양념이 남아 있더라도 간이 배고 윤기가 돌면 꺼낸다.

05 중국식연잎밥

필수 재료
- 찹쌀 2컵
- 맵쌀 1/2컵
- 닭 정육 4쪽(350g)
- (+소금 약간)
- 매실효소 1/2큰술
- 감자 전분 3큰술
- 연근 1/4개(80g)
- 당근 1/4개(40g)
- 호두 10개
- 구기자 1큰술
- 잣 1/2큰술

양념
- 간장 3큰술
- 설탕 1큰술
- 물 2큰술

1. 쌀은 찬물에 씻어 채에 건져 1시간 이상 불려주고 구기자도 물 3큰술을 부어 불린다.

2. 불린 쌀은 김 오른 찜통에서 푹 퍼질 때까지 찐다.

3. 닭 정육을 썰어서 소금과 매실효소 1/2큰술을 넣어 밑간을 한 후 감자 전분을 묻혀서 팬에 굽는다.

4. 연근과 당근은 1cm~1.2cm 크기로 썬다.

5. 익혀둔 닭고기와 연근, 당근을 양념에 넣고 간이 들도록 조린다.

6. 찰밥에 닭고기와 연근, 당근, 호두, 잣, 구기자를 섞어 연잎에 싸서 김 오른 찜통에서 10분 이상 쪄준다.

06 김치두부국수

필수 재료
소면 200g
순두부 1봉지
김치 120g
(+고추장 1/2큰술,
매실효소 1큰술)
달걀 1개

국수 국물
김치 국물 2컵
다시마 물 2컵
얼음 1컵
재래간장 2큰술
양조식초 2큰술
매실효소 2큰술
소금 약간

1. 순두부는 체에 밭쳐서 물기를 제거한다.

2. 김치는 송송 썰어서 고추장과 매실효소로 밑간을 해둔다.

3. 분량의 재료로 국수 국물을 만들고 얼음은 먹기 직전에 섞는다.

4. 면을 삶아 국물을 붓고 두부와 김치, 달걀을 고명으로 올려준다.

 TIP
1. 잘 익은 김치를 사용해야 맛있다.
2. 두부는 모두부를 이용해도 된다.

07 깻국탕

필수 재료

표고버섯 3개
양송이버섯 3개
새송이버섯 1개
느타리버섯 반 줌
팽이버섯 1/2봉지
홍고추 1/2개
풋고추 1/2개
물 4컵
통깨 1컵
잣 1/4컵
볶은 은행 4~5알
재래간장 1/2큰술
소금 1/2작은술

1. 표고버섯은 채 썰고 양송이버섯과 새송이버섯은 편으로 썰고 느타리 버섯은 가늘게 찢는다.

2. 물 4컵을 냄비에 끓인 후 팽이버섯을 제외한 모든 버섯을 데친다.

3. 1~2분가량 데친 버섯은 체에 걸러 따로 둔다.

4. 버섯 데친 물 1컵에 통깨 1컵을 곱게 갈아준 후 체에 걸러 깻묵과 깻국을 분리한다. 잣도 버섯 데친 물 1컵과 곱게 갈아놓는다.

5. 깻국과 잣 간 물, 버섯 데친 물을 모두 섞어준다. 여기에 데친 버섯, 고추, 팽이버섯, 간장, 소금을 넣고 끓여서 완성한다.

TIP
1. 국내산 통깨가 아닌 경우 쓴맛이 심하게 날 수 있다. 꼭 국내산 통깨를 사용한다.
2. 깻국은 겨울에는 따뜻하게, 여름에는 차갑게 먹으면 좋다.

08 토란들깨탕

필수 재료
토란 400g
(+식초 1/2큰술,
밀가루 1/2큰술)
다진 마늘 1/2작은술
다진 대파 1/2큰술
재래간장 1~1.5큰술
들깨가루 50g
생찹쌀가루 4큰술
물 4큰술

육수
소고기 양지 300g
양파 1/2개
무 100g
마늘 2~3쪽
물 10컵

1

소고기는 핏물을 제거하고 분량의 재료를 넣어 육수 5컵 정도를 낼 정도로 푹 우려낸다.

2

토란은 껍질을 벗겨 푹 잠길 정도의 물에 식초 1/2큰술과 밀가루를 1/2큰술을 넣어 삶아준다.

3

삶은 소고기는 찢고 양파와 무, 마늘은 육수의 일부와 믹서에 갈아준다.

4

갈아둔 육수에 토란과 고기를 넣고 끓여준다.

5

끓으면 들깨가루와 찹쌀가루를 물 4큰술에 섞어 넣고 재래간장, 다진 마늘, 다진 파를 넣어 더 끓여준다.

TIP
1. 양파와 무, 마늘을 갈 때는 육수 5컵 중에 1컵만 넣어 갈아준 후 남은 4컵과 섞어준다.
2. 마른 찹쌀가루를 사용할 경우 2~3큰술만 사용한다.

09 돼지고기장조림

필수 재료
돼지고기 안심 600g
메추리알 30개
꽈리고추 20개

고기 삶는 물
물 1.2L
대파 1대
생강 1톨
마늘 5쪽
양파 1/2개
통후추 1/2작은술
(약 20알)

양념
고기 삶은 물 1L
간장 2/3컵
설탕 1/3컵

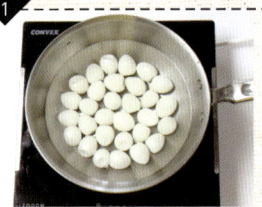

1. 메추리알은 10분쯤 삶아 껍질을 제거하고 물에 담가둔다.

2. 고기를 삶을 물에 재료를 넣고 센불에서 끓인다.

3. 물이 끓으면 3~4등분한 고기를 넣고 20분 삶는다. 다 익은 고기는 건지고 국물은 면보자기에 걸러둔다.

4. 걸러둔 국물에 간장과 설탕을 넣고 고기와 약불에서 20분쯤 끓인다.

5. 고기에 간이 배기 시작하면 메추리알과 꽈리고추를 넣어 다시 10분쯤 끓여 완성한다.

TIP
1. 꽈리고추는 포크나 이쑤시개로 구멍을 내서 간이 잘 배게 한다.
2. 짜지 않은 장조림이므로 취향에 맞춰 간장으로 간을 조절할 수 있다.

10 소고기 오이 볶음

필수 재료
소고기 간 것 100g
오이 1개(大)
(+물 1컵, 소금 1작은술)
통깨 1큰술
참기름 1/2큰술
식용유 약간

양념
양조간장 1/2큰술
설탕 1작은술
다진 파 1작은술
다진 마늘 1/2작은술
참기름 1작은술
후추 약간

1. 오이는 동글동글 얇게 썰어서 물 1컵에 소금 1작은술을 넣고 10분 정도 절인다.

2. 소고기에 양념을 넣어 주물러준다.

3. 양념에 재워둔 고기는 달군 팬에 넣고 재빨리 볶는다.

4. 절여둔 오이는 면보자기로 물기를 꼭 짜준다.

5. 물기를 제거한 오이는 달궈진 팬에 식용유를 두르고 재빨리 볶아낸다.

6. 볶아둔 소고기에 오이, 통깨, 참기름을 넣어 잘 섞어준다.

더덕소고기산적

필수 재료
더덕 200g
소고기 채끝살 200g
유기농설탕 약간
다진 잣 약간
식용유 약간

양념
양조간장 2큰술
유기농설탕 1큰술
다진 마늘 1작은술
다진 파 1큰술
참기름 1큰술
통깨 1작은술

반죽
밀가루 2/3컵
물 1컵
양조간장 1큰술

1. 더덕을 준비하여 껍질을 제거한다.

2. 더덕은 7cm 정도 길이에 새끼손가락 두께로 썰고 소고기도 더덕 크기에 맞춰 썰어준다.

3. 소고기는 분량의 양념에 재운다.

4. 꼬치에 더덕-소고기-더덕 순으로 꽂아준다.

5. 묽은 밀가루 반죽으로 산적에 옷을 입힌다.

6. 식용유를 두른 팬에 양면으로 노릇하게 지져낸 후 산적이 따뜻할 때 유기농설탕과 다진 잣을 조금씩 뿌려준다.

오징어실채볶음

필수 재료
오징어실채 100g
조미술 1큰술

양념
식용유 2큰술
고추기름 1큰술
양조간장 1/2큰술
올리고당 2큰술
설탕 1.5큰술

1. 오징어실채는 가위로 짧게 다듬어 준다.

2. 마른 팬에 오징어실채를 볶다가 조미술을 넣어 비린내를 날려준다.

3. 분량의 양념을 팬에 끓여준다.

4. 타지 않게 약불에서 양념과 오징어실채를 재빨리 섞어준다.

TIP
1. 오징어실채는 가늘어서 타기 쉬우므로 약불에서 타지 않도록 조리한다.
2. 고추기름이 없으면 식용유로 대체해도 된다.

북어보푸라기

필수 재료
북어채 50g
설탕 1큰술
간장 1/2큰술
참기름 1큰술
통깨 1큰술

1. 북어채는 믹서에 갈기 좋은 크기로 잘라준다.

2. 북어채와 설탕을 믹서에 넣고 간다.

3. 갈아놓은 북어보푸라기에 간장과 참기름을 넣고 손으로 간이 고루 밸 수 있도록 계속 비벼가며 풀어준다.

 TIP 어르신들 반찬이나 이유식으로 좋다.

14 두부잡채

필수 재료
두부 1모(300g)
(+식용유 1큰술,
소금 1/4큰술,
참기름 1큰술)
애호박 1/3개
(+소금 1/8작은술)
피망 1/2개
마른 표고버섯 5개
(+간장 1작은술,
참기름 1작은술)
참기름 1큰술
간장 1.5작은술
팽이버섯 1/2봉지
소금 약간
식용유 약간

1. 표고버섯은 물 1컵을 넣고 불려서 버섯 기둥은 제거하고 채 썰어서 간장과 참기름에 재웠다가 볶는다.

2. 두부는 0.3cm 두께로 썰어 소금으로 밑간을 하고 물기 제거 후 식용유와 참기름을 두른 팬에 지져낸 후 채 썬다.

3. 애호박은 돌려 깎아 채 썰고 피망도 채 썬다.

4. 채 썬 애호박은 식용유를 두른 팬에 소금 1/8작은술을 뿌려 센불에서 볶는다.

5. 피망과 팽이버섯도 살짝 볶는다.

6. 모든 재료에 간장 1.5작은술과 참기름 1큰술을 넣어 섞는다.

고구마단호박맛탕

필수 재료
고구마 2개(中)
미니 단호박 1/2개
(200g)
조청 5큰술
진간장 1작은술
검정깨 약간
식용유 약간

1. 고구마는 한입 크기로 어슷하게 썰고 단호박은 반으로 쪼개 속을 긁어낸 후 먹기 좋은 크기로 썬다.

2. 고구마와 단호박을 170도의 식용유에서 3~4분 정도 갈색 빛이 돌게 튀긴다.

3. 팬에 조청과 간장을 넣고 끓여준다.

4. 튀긴 고구마와 단호박을 3에 넣고 버무려서 검정깨를 뿌린다.

TIP
1. 누룽지나 가래떡, 라면, 견과류 등을 같이 튀겨 버무려도 좋다.
2. 간장 향이 싫으면 간장 대신 물에 인스턴트 커피가루 1작은술을 넣거나, 깔루아(커피술)를 1작은술 넣는다.

호두마늘조림

16

필수 재료
호두 1컵
통마늘 1/2컵
식용유 약간

양념
양조간장 1.5큰술
유기농설탕 1큰술
청주 1작은술
꿀 1/2큰술
참기름 1/2큰술

1. 마른 팬에 호두를 볶아낸다.

2. 팬에 식용유를 살짝 두르고 마늘을 볶는다.

3. 분량의 재료들을 넣고 양념을 끓인다.

4. 양념에 볶아둔 호두와 마늘을 넣어 조린다.

 TIP
1. 호두는 신선한 것으로 사용한다.
2. 선물용 밑반찬으로 좋다.

우엉튀김조림

17

필수 재료
우엉 2대(250g)
물 2컵
소금 1/2작은술
감자 전분 1/2컵
식용유 약간
검정깨 1/2큰술

양념
양조간장 1큰술
물 1큰술
조청 2큰술

1. 우엉은 부드러운 수세미로 깨끗하게 씻고 어슷하게 썬다.

2. 물 2컵에 소금 1/2작은술을 넣고 끓인 후 우엉을 넣어 3분 정도 삶는다.

3. 데친 우엉에 감자 전분을 묻혀 달군 식용유에 튀긴다.

4. 양념을 끓인 후 튀긴 우엉을 버무려준다.

5. 검정깨를 뿌려 완성한다.

TIP 우엉 껍질에는 좋은 영양소가 풍부하므로 흙만 제거한 후 조리한다.

18 다시마 팽이버섯조림

필수 재료
채 썬 다시마 한 줌
(15*10cm 다시마 5조각)
팽이버섯 1봉지

양념
양조간장 2큰술
설탕 1큰술
물엿 1큰술
조미술 1큰술
어간장 약간

1. 다시마는 젖은 행주로 닦아준 후 가위로 얇게 자른다.

2. 다시마는 물에 불리고 팽이버섯은 씻어서 밑동을 자른다.

3. 분량의 재료를 넣어 양념을 만든다.

4. 팬에 양념을 넣고 끓기 시작하면 다시마와 팽이버섯을 넣고 약불에서 조린다.

TIP 다시마는 다시마 물을 내고 남은 것을 써도 좋다.

월과채

필수 재료
마른 표고버섯 10개
가래떡 1줄(+물 2컵,
소금 1작은술,
들기름 1큰술)
애호박 1/2개
통들깨 1큰술
들기름 약간
식용유 약간

양념
간장 1큰술
고춧가루 1작은술
물엿 1작은술
들기름 1큰술

1. 통들깨는 씻어서 마른 팬에 볶고 마른 표고버섯은 미지근한 물에 30분 이상 불린다.

2. 분량의 재료를 넣어 양념을 섞어 둔다.

3. 떡은 동글게 썰어서 소금물(물 2컵+소금 1작은술)에 데쳐 들기름 1큰술에 버무린다.

4. 애호박도 0.3cm 두께로 썰어서 들기름을 두른 팬에 굽는다.

5. 불려둔 표고버섯에 양념의 반을 넣고 밑간을 해준 후 식용유를 두른 팬에 굽는다.

6. 남은 양념과 표고버섯, 가래떡, 애호박, 통들깨를 모두 섞어 완성한다.

20 즉석양파장아찌와 가지전

양파장아찌 재료
양파 3개(中)
풋고추 1개
홍고추 1개
설탕 3큰술

절임 간장
간장 1컵
식초 1컵

가지전 재료
가지 2개
밀가루 약간
달걀 2개
소금 약간

1. 양파는 사방 1.5~2cm 크기로 썰고 고추는 1cm 크기로 썬다.

2. 썰어둔 양파는 설탕 3큰술에 30분간 재워둔다.

3. 절임 간장 재료들을 섞는다.

4. 절인 양파는 씻지 않고 절여진 국물까지 절임 간장에 섞어 냉장고에 시원하게 보관한다.

5. 가지는 0.3cm 정도 두께로 어슷하게 썰어서 소금으로 밑간을 해준다. 물기가 살짝 올라오면 밀가루와 달걀물을 묻혀 달군 팬에 지져준다.

TIP
1. 즉석양파장아찌는 전과 같이 먹으면 좋다.
2. 절인 양파는 씻으면 싱거워지므로 꼭 국물까지 사용한다.

토마토장아찌

21

필수 재료
파란색 미숙성
토마토 20개(小)

절임 간장
양조간장 3.5컵
소주 1/2컵
양조식초 2컵
설탕 3컵

1. 토마토는 깨끗하게 씻어 물기를 말린다.

2. 장아찌를 담글 병을 뜨거운 물에 소독해준 후 말려 토마토를 넣는다.

3. 절임 간장 재료들을 냄비에 넣고 설탕이 녹을 정도로만 끓인다.

4. 토마토가 담긴 병에 끓인 절임 간장을 부어준다.

TIP 미숙성 과실들은 오랜 시간 발효하는 것이 좋으므로 토마토장아찌는 1년 이상 숙성한 후에 먹는 것이 좋다.

깻잎장아찌

필수 재료
깻잎 400~450g

절임 간장
물 2컵
간장 1/2컵
식초 1컵
설탕 1/2컵
물엿 2큰술
어간장 3큰술

1
깻잎은 물에 씻고 체에 올려 물기를 제거한다.

2
절임 간장 재료들을 냄비에 넣고 설탕이 녹을 정도로만 끓인다.

3
장아찌를 담을 그릇에 깻잎을 넣고 절임 간장을 부어준다.

▼

PART
04

어간장

제주해어림 어간장은 등푸른 생선의 맛과 영양이
그대로 살아있는 천연 간장으로 방부제나 첨가물 없이
옹기에서 3년 이상 숙성된 천연 유기농 어간장이다.

01 가지나물

필수 재료
가지 2개

양념
어간장 3/4큰술
참기름 1작은술
다진 마늘 1/2작은술
다진 파 1/2큰술
통깨 1작은술

1. 가지는 길게 반으로 갈라 어슷하게 썬다.

2. 김이 오른 찜통에 뚜껑을 닫고 5분 정도 찐다.

3. 찐 가지는 한김 식혀서 양념에 조물조물 무친다.

TIP
1. 가지를 찌는 정도는 취향마다 다르니, 찌는 시간은 조절한다.
2. 가지처럼 수분이 많은 나물은 반드시 먹기 직전에 무쳐야 저염으로 먹을 수 있다.

02 고구마줄기볶음

필수 재료
고구마줄기 1단
(삶은 후 200g)
홍고추 1/2개
다진 마늘 1/2큰술
들기름 1큰술
어간장 1/2큰술
들깨가루 1.5큰술

1. 고구마줄기 껍질을 벗겨준다.

2. 끓는 물에 부드럽게 삶아 찬물에 헹군다.

3. 고구마줄기는 한입 크기로 썰고 홍고추는 어슷하게 썬다.

4. 팬에 들기름, 다진 마늘, 고구마줄기, 홍고추, 어간장을 넣고 볶다가 들깨가루를 넣어 섞어준 후 불을 끈다.

 TIP 고구마줄기의 수분 정도에 따라 간을 어간장으로 조절한다.

깻잎순나물

03

필수 재료
깻잎순 250g
(데친 후 210g)
어간장 1/2큰술
참기름 1/2큰술
다진 마늘 1/2작은술
다진 파 1/2큰술
들깨가루 1~2큰술

1. 깻잎순의 질긴 줄기 부분은 정리하고 다듬어서 씻는다.

2. 깻잎순은 끓은 물에 데쳐서 찬물에 헹구고, 대파와 마늘은 곱게 다진다.

3. 데친 깻잎순은 물기를 꼭 짜서 듬성듬성 썬다.

4. 깻잎순에 어간장, 참기름, 파, 마늘, 들깨가루를 넣고 조물조물 무친다.

 TIP 깻잎순은 살짝만 데치면 시간이 지날수록 색이 검게 변하기 때문에 충분히 삶아서 무쳐야 한다.

04 꽃게탕

필수 재료
꽃게 2~3마리
모시조개 1컵
무 2토막
양파 1/2개
애호박 1/4개
청고추 1/2개
홍고추 1/2개
대파 1/2대
쑥갓 약간
물 6컵(1.2L)
국물용 멸치 15마리
굵은 소금 약간

양념
재래된장 1큰술
어간장 1큰술
고춧가루 1큰술
생강술 1큰술
다진 마늘 1/2큰술
참기름 1작은술

1. 꽃게는 등딱지를 벗기고, 아가미를 제거한 후 아가미 부분을 솔로 씻어서 2등분한다.

2. 무와 애호박은 도톰히 나박하게 썰고, 양파는 채 썰고 고추와 대파는 어슷하게 썬다.

3. 양념 재료를 모두 섞는다.

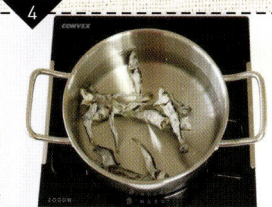

4. 찬물에 국물용 멸치를 넣고 끓기 시작해서 3~4분 정도 지나 뽀얀 육수가 우러날 때 멸치를 건진다.

5. 무를 넣고 3분 정도 끓이다가 꽃게와 채소들을 넣어 7~8분 끓인다. 쑥갓은 마지막에 넣는다.

TIP 집집마다 된장의 염도가 다르기 때문에 양념을 넣고 간이 부족하면 굵은 소금으로 간을 맞춘다.

05 달걀만두

필수 재료
돼지고기 다짐육(앞다리살이나 목살) 300g
양파 1/4개
당근 1/3개
대파 1/2대
달걀 2개(+어간장,
참기름 한두 방울씩,
후추, 소금 약간씩)
식용유 약간

양념
양조간장
1큰술+1작은술
생강술 1/2큰술
참기름 1작은술
다진 마늘 1작은술
후추 약간

1. 돼지고기는 다져서 키친타올에 핏물을 빼주고 양념에 밑간한다.

2. 양파와 당근, 대파는 모두 다진다.

3. 달걀 2개에 어간장, 참기름, 소금, 후추를 약간씩만 넣어 풀어준다.

4. 팬에 식용유를 소량 두르고 당근을 먼저 볶는다.

5. 당근이 반 정도 익으면 고기와 양파, 대파를 넣어 물기 없이 바싹 볶는다.

6. 팬에 식용유를 약간 두르고, 달걀물을 붓고 5를 가운데에 올려 달걀이 다 익기 전에 양쪽에서 반씩 접는다.

06 닭가슴살미역국

필수 재료
닭가슴살 1개
(약 100~120g)
미역 25g
들기름 1큰술
물 8컵
어간장 1큰술
다진 마늘 1작은술
굵은 소금 약간

1. 미역은 찬물에 20여 분 담가 부드럽게 불린다.

2. 냄비에 들기름 1큰술을 두르고, 닭가슴살을 볶는다.

3. 닭가슴살 겉면이 하얗게 익으면 불린 미역도 같이 넣어 볶는다.

4. 물을 넉넉하게 붓고 뚜껑을 닫아 푹 20여 분 끓인다.

5. 익은 닭가슴살은 건져서 찢어 미역국에 넣어 한번 더 끓인다. 어간장과 마늘을 넣고 나머지 간은 굵은 소금으로 맞춘다.

TIP 담백한 미역국을 원한다면 닭가슴살미역국을 추천한다.

07 닭개장

필수 재료

닭 1마리(800~900g)
시판 삼계탕용 한약재 1봉지
(+황기, 당귀, 엄나무, 은행, 대추 등 90g)
물 9컵(1.8L)
고사리 세 줌(270g)
토란대 120g
숙주 1봉지(300g)
대파 2대
다진 마늘 1큰술
어간장 1.5큰술
굵은 소금 약간
고춧가루 3큰술
식용유 3큰술

1. 닭의 꼬리와 목 기름은 가위로 제거하고, 한약재와 물 9컵(1.8L)을 부어 압력솥에 20여 분 끓인다.

2. 숙주는 씻어서 살짝 데친다.

3. 고사리와 토란대는 한입 크기, 대파는 반 갈라 5~6cm로 썰고 닭은 살을 바르고 육수는 따로 분리한다.

4. 팬에 식용유와 고춧가루를 섞고 약불에서 살짝 볶아서 고추기름을 만든다.

5. 준비한 재료들을 모두 볼에 담고 고추기름을 넣고 버무린다.

6. 냄비에 5와 육수를 넣고 20여 분 끓여주고 마지막으로 다진 마늘과 어간장, 굵은 소금으로 간을 맞춘다.

08 돼지고기김치찌개

필수 재료

김치 1/4포기
(500~600g)
돼지고기 앞다리살
350g
두부 1/2모
양파 1/2개
대파 1/2대
홍고추 1/2개
들기름 1.5큰술
(참기름+식용유)
물 5컵(1L)
다진 마늘 1작은술
어간장 1큰술
굵은 소금 약간

1. 김치와 두부는 한입 크기로 썰고 양파는 채 썰고, 대파와 고추는 어슷하게 썬다.

2. 팬에 들기름을 두르고 김치를 5분 정도 충분히 볶는다.

3. 김치가 투명하게 볶아지면 한입 크기로 썬 돼지고기를 넣어 같이 볶는다.

4. 고기가 반 정도 익으면 물과 나머지 재료를 모두 넣고 푹 끓인다. 마지막에 간을 보고 마늘, 어간장, 굵은 소금을 넣는다.

TIP
1. 김치찌개에서 중요한 감칠맛은 김치를 충분히 볶은 후 끓여야 맛이 난다.
2. 찌개용 김치는 속을 다 털어내고 끓이고, 묵은지를 사용해야 맛있다.

09 떡만둣국

필수 재료

떡 300g
만두 6개
소고기 60g
대파 1/2대
다진 마늘 1작은술
물 1.2L
참기름 1작은술
어간장 1/2큰술
굵은 소금 약간
후추 약간
고명(달걀 1개,
김가루) 약간

1. 소고기는 잘게 썰고 대파도 어슷하게 썬다.

2. 달걀은 노른자와 흰자를 나눠 지단을 부쳐서 한김 식힌 후 채 썬다.

3. 냄비에 참기름 1작은술 정도를 넣어 소고기를 볶는다.

4. 소고기가 익으면 물을 붓고 끓이며 지저분한 찌꺼기들은 국자로 건져 준다.

5. 만두-떡 순서로 넣고 끓이다가 대파와 마늘, 어간장, 소금, 후추로 간을 맞춘다. 국을 그릇에 담고 고명을 올려 담아낸다.

TIP

1. 소고기 대신 국물용 멸치로 육수를 내서 끓여도 구수하고 맛있다.
2. 지단을 부칠 시간이 없을 때는 그냥 달걀을 풀어서 국물에 넣어도 좋다.

10 매생이굴국

필수 재료
매생이 200g
굴 200g
물 5컵(1L)
국물용 멸치 10마리
다진 마늘 1작은술
다진 파 1큰술
어간장 1/2큰술
굵은 소금 약간
후추 약간

1. 매생이는 가는 체에 담아서 흐르는 물에 씻어준다.

2. 굴도 굵은 체에 담고 흐르는 물에 씻으며 껍데기를 골라낸다.

3. 물 5컵에 국물용 멸치를 넣고 끓기 시작하고 3분 뒤 멸치를 건져낸다.

4. 육수가 끓으면 매생이와 마늘, 대파를 넣고 1~2분 정도 살짝 끓인다.

5. 굴을 넣고 2분 정도만 살짝 끓인 후 어간장과 후추를 넣고 나머지 간은 소금으로 맞춘다.

TIP
굴과 매생이는 오래 끓이지 않는다. 매생이와 굴에는 이미 간이 되어 있기 때문에 꼭 먹어보고 간을 맞춘다.

묵은지 감자탕

필수 재료
돼지등뼈 1.5kg
향신채
(대파 잎 1대 분량,
통후추 1/2작은술,
생강 1톨)
묵은지 1/4포기
(500~600g)
양파 1/2개
대파 1대
깻잎 5장
물 5컵(1L)

양념
재래된장 1큰술
어간장 1큰술
고춧가루 1큰술
다진 마늘 1/2큰술
매실효소 1작은술
참기름 1/2큰술
들깨가루 2큰술
생강술(또는 청주) 1큰술

1. 돼지등뼈는 다시 애벌로 삶을 것이니 찬물에 30여 분 정도만 담가서 핏물을 뺀다.

2. 양파는 채 썰고 대파는 큼직하게 썰고, 깻잎은 한입 크기로 썬다.

3. 넉넉한 찬물에 향신채를 넣어 끓기 시작하면 등뼈 속 핏물 제거를 목적으로 살짝 삶아 찬물에 헹군다.

4. 양념을 미리 섞어둔다.

5. 압력솥에 등뼈, 묵은지, 양파, 대파와 물 5컵, 양념을 넣고 뚜껑을 닫아 끓이다가 추가 흔들리기 시작하면 15분 정도 더 끓인다.

6. 김을 뺀 후에 뚜껑을 열어서 10분 더 끓이고, 마지막에 깻잎을 넣는다. 반드시 뚜껑을 열어 다시 끓여줘야 깊은 맛이 난다.

미나리연포탕

필수 재료
낙지 3마리
(+밀가루 1.5큰술)
미나리 한 줌(200g)
홍고추 1/2개
물 6컵(1.2L)
국물용 멸치 15마리
다진 마늘 1/2큰술
어간장 1큰술
굵은 소금 약간
후추 약간

1. 낙지는 머리의 내장을 제거하고 밀가루를 넣어 조물조물 주물러 찬물에 여러 번 헹군다.

2. 미나리는 다듬어 씻은 후 6cm 정도 길이로 자르고, 홍고추는 어슷하게 썬다.

3. 찬물에 국물용 멸치를 넣고 끓기 시작한 뒤 3~4분 정도가 지나서 뽀얀 육수가 우러나면 멸치는 건져낸다.

4. 3에 미나리, 홍고추, 다진 마늘, 어간장을 넣고 한번 부르르 끓인다.

5. 끓으면 바로 낙지를 넣고 2분 정도만 끓인다. 부족한 간은 소금으로 하고 후추를 약간 넣는다.

TIP 낙지는 한입 크기로 미리 잘라서 끓이는 것보다 통째로 끓여서 가위로 잘라 먹는 게 더 부드럽고 질기지 않다.

방풍나물

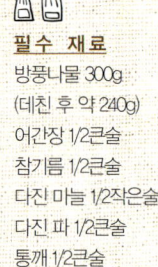

필수 재료
방풍나물 300g
(데친 후 약 240g)
어간장 1/2큰술
참기름 1/2큰술
다진 마늘 1/2작은술
다진 파 1/2큰술
통깨 1/2큰술

1. 방풍나물의 질긴 부분은 제거하고 줄기 위주로 다듬어서 씻는다.

2. 방풍나물은 끓은 물에 데쳐서 찬물에 헹구고 대파와 마늘은 곱게 다진다.

3. 데친 방풍나물은 물기를 꼭 짜서 잘게 썬다.

4. 잘게 썬 방풍나물과 어간장, 참기름, 파, 마늘, 통깨를 넣고 조물조물 무친다.

5. 팬을 달구어 센불에 양념한 방풍나물이 부드러워지도록 휘리릭 살짝만 볶아낸다.

TIP
방풍나물은 질긴 나물인 편이다. 그래서 충분히 삶아야 하고, 질긴 나물일수록 잘게 썰어야 먹기 좋다.

복숭아 미역냉국

14

필수 재료
복숭아 1/2개
미역 10g

국물
냉수 2컵(400ml)
양조식초 2큰술
어간장 1큰술
설탕 2큰술
매실효소 1큰술
소금 1작은술+
1/4작은술
참기름 한 방울

1. 미역은 찬물에 20~30여 분 부드럽게 불려서 한입 크기로 썬다.

2. 복숭아는 껍질을 벗겨서 채 썬다.

3. 재료를 모두 섞어서 국물을 만들고 차갑게 냉장고에 넣는다.

4. 냉장고에서 차갑게 식힌 국물을 미역과 복숭아에 섞는다.

TIP 복숭아는 미리 썰어두면 갈변하기 때문에 채 썰어 설탕을 약간 섞은 물에 담가 갈변을 방지해야 한다.

불낙전골

필수 재료
소고기
불고기용 200g
낙지 2마리
(+밀가루 1큰술)
미나리 한 줌
애호박 1/3개, 대파 1대
팽이버섯 1봉지
당근 1/3개, 양파 1/2개
청홍고추 1/2개씩
굵은 소금 약간
국물용 멸치 10마리
물 3.5컵

불고기 양념
데리야끼소스 2큰술
다진 마늘 1/2작은술
다진 파 1/2큰술
참기름 1작은술
통깨 후추 약간씩

낙지 양념
어간장 1큰술
고춧가루 1큰술
다진 마늘 1작은술
참기름 1/2작은술

1. 소고기는 불고기용으로 준비해서 한입 크기로 자른 다음 불고기 양념에 재운다.

2. 낙지는 머리의 내장을 제거하고, 밀가루를 1큰술 넣고 주물러 찬물에 헹군다.

3. 낙지는 5cm 길이로 잘라서 낙지 양념에 버무린다.

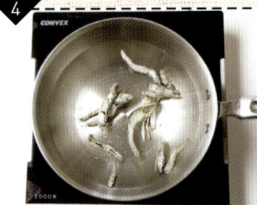

4. 물 3.5컵에 국물용 멸치를 넣고 끓기 시작하면 3분 정도 더 끓인 후 멸치는 건져낸다.

5. 채소들은 편으로 썰거나 5~6cm 길이로 자른다.

6. 전골냄비에 채소를 둘러 담고, 양념한 소고기와 낙지를 가운데 담아 육수를 부어 끓이면서 먹는다. 부족한 간은 굵은 소금으로 맞춘다.

16 비름나물

필수 재료
비름나물 300g
(데친 후 240g)
어간장 1/2큰술
참기름 1/2큰술
다진 마늘 1/2작은술
다진 파 1/2큰술
깨 간 것 1~2큰술

1. 비름나물은 질긴 줄기 부분만 정리하고 다듬어서 씻는다.

2. 비름나물은 끓는 물에 데쳐서 찬물에 헹구고 대파와 마늘은 곱게 다진다.

3. 데친 비름나물은 물기를 꼭 짜서 듬성듬성 썬다.

4. 볶은 깨는 절구에 넣고 곱게 갈아준다.

5. 비름나물에 어간장, 참기름, 파, 마늘, 깨를 넣고 조물조물 무친다.

TIP
1. 비름나물은 부드러운 나물이라 살짝만 데쳐도 된다.
2. 나물들은 계절에 따라 질긴 정도가 달라서 데치는 시간을 조절해야 한다.

17 어간장쫄면

필수 재료
쫄면 400g
부추 반 줌
양파 약간
돼지고기
앞다리살 300g
식용유 약간

고기 양념
양조간장 2큰술
설탕 1큰술, 물엿 1큰술
참기름 1/2큰술
다진 대파 1/2큰술
생강술 1/2큰술
후추 약간

쫄면 소스
어간장 1큰술
양조식초 1.5큰술
물 2큰술, 설탕 1큰술
연겨자 1/4작은술
양조간장 1/2작은술
참기름 1/2작은술
다진 마늘 1/3작은술
소금 약간

1 돼지고기 앞다리살은 불고기감으로 준비해서 한입 크기로 잘라서 고기 양념에 재운다.

2 쫄면 소스도 미리 만들어 시원하게 냉장고에 넣어둔다.

3 양념에 재워둔 고기는 팬에 식용유를 소량 두르고 윤기 나게 볶는다.

4 쫄면은 삶아서 찬물에 주물러 전분기를 뺀다. 볶아둔 고기, 쫄면 소스를 그릇에 담고 부추와 양파는 채 썰어 고명으로 올린다.

 TIP 덩어리진 쫄면은 한 가닥씩 뜯어주는 것보다 한 덩어리를 손에 쥐고 비벼주면 금방 풀린다.

잔치 쌀국수

18

필수 재료
베트남 쌀국수 250g
당근 1/3개
애호박 1/3개
양파 1/2개
실파 2뿌리

육수
물 1.4L
국물용 멸치 10마리
새우 2~3마리
어간장 1/2큰술
다진 마늘 1작은술
굵은 소금,
후추 약간씩

1. 쌀국수는 미리 30여 분 불리고, 새우는 내장을 제거하고 껍질을 벗긴다.

2. 찬물에 멸치를 넣어 우려내 건지고 새우를 넣는다. 어간장, 마늘, 후추, 소금으로 간을 맞춘다.

3. 당근과 애호박, 양파는 곱게 채 썰고 실파는 송송 썬다.

4. 당근, 애호박, 양파는 팬에 각각 소금을 약간씩 넣어 따로 볶는다.

5. 쌀국수는 미리 불렸기 때문에 끓는 물에 넣었다 바로 꺼내 그릇에 담고 새우, 고명, 육수를 담아낸다.

TIP
1. 국수를 넣으면 싱거워지니 평소보다 간은 세게 한다.
2. 김치나 김을 고명으로 추가해서 먹으면 더 맛있다.

쪽파김무침

필수 재료
쪽파 한 줌(약 150g)
구운 김 1봉지(약 5g)
어간장 1작은술
참기름 1/2작은술
통깨 약간

1 쪽파는 뿌리 쪽을 자르고 흰 부분에 양념이 잘 스며들도록 칼로 반으로 갈라 깨끗하게 다듬어 씻는다.

2 끓는 물에 쪽파를 살짝 데친 후 찬물에 헹궈 물기를 꼭 짜서 한입 크기로 썬다.

3 구운 김은 비닐봉지에 담아 손으로 잘게 부순다.

4 볼에 쪽파와 김을 넣고 어간장과 참기름, 통깨를 넣어 조물조물 무친다.

TIP 나물은 물기를 잘 짜줘야 그만큼 소금 간을 덜하게 되고 먹기 직전에 무쳐야 나물의 수분이 덜 나와서 염분 섭취를 줄일 수 있다.

청국장찌개

필수 재료

청국장 150g
재래된장 1큰술
어간장 1큰술
소고기 70g
두부 1/4모
애호박 1/4개
양파 1/4개
대파 1/2대
청홍고추 1/2개씩
참기름 1큰술
김치 1/2컵
다진 마늘 1작은술
바지락 1봉지(1컵 정도)

육수

국물용 멸치 10마리
물 5컵

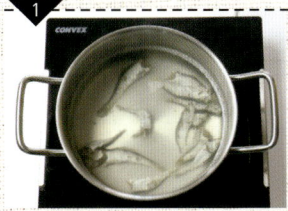

1. 찬물 5컵에 국물용 멸치를 넣고 끓기 시작해서 3분 정도 뒤 멸치는 건져낸다.

2. 김치는 송송 썰고 채소들은 모두 한 입 크기로 썰고, 대파와 고추는 어슷하게 썬다.

3. 참기름 1큰술에 김치와 다진 마늘을 넣고 충분히 볶다가 한입 크기로 썬 소고기를 넣고 볶는다.

4. 3에 1의 육수와 바지락, 나머지 채소들을 넣고 5분 정도 더 끓인다.

5. 4에 청국장과 된장을 넣고 3분 정도 더 끓인 후 어간장으로 간을 맞춘다.

TIP
1. 청국장에 간이 되어 있으면 재래된장은 생략한다.
2. 어간장은 간을 맞추는 정도로만 넣어준다.

콩나물 팽이버섯볶음

필수 재료
콩나물 300g
팽이버섯 1봉지
쪽파 5뿌리

양념
어간장 1큰술
고춧가루 1큰술
참기름 1큰술
다진 마늘 1작은술

1. 팽이버섯은 밑동을 자르고 쪽파는 6cm 길이로 자른다.

2. 콩나물은 씻어서 냄비에 물 1/4컵 (50ml)과 함께 넣고, 뚜껑을 닫아 찌 듯이 익힌다.

3. 콩나물 비린내가 사라지면 뚜껑을 열어 팽이버섯을 펴 넣고 뚜껑을 닫은 채 30초 더 익힌다.

4. 냄비에 물을 2큰술만 남긴 후 양념과 쪽파를 넣고 센불로 20~30초만 살짝 볶아준다.

 TIP 다 볶은 후 간이 부족하면 소금을 추가한다.

해물순두부찌개

필수 재료
순두부 1봉지
꽃게 1/2마리
새우 2마리
바지락 1/2컵
익은 김치 1/3컵
청홍고추 1/2개씩
대파 약간
물 1.5컵(300ml)

고추기름
식용유 1큰술
고춧가루 1큰술

1. 꽃게는 등딱지와 아가미를 제거해서 반으로 자르고 바지락과 새우는 씻는다.

2. 김치는 송송 썰고 고추와 대파는 어슷하게 썬다.

3. 냄비에 물기를 없애고 식용유와 고춧가루를 넣어 살짝 볶아 고추기름을 만든다.

4. 고추기름에 해물부터 넣고 볶는다.

5. 해물들이 볶아지면 김치를 넣고 볶다가 물 1.5컵(300ml)을 넣고 5분 정도 끓인다.

6. 순두부와 채소들을 넣고 뚜껑을 열고 5~6분 정도 더 끓인다.

협찬사

01 **고은솜씨** 경기도 용인시 기흥구 보정동 죽전자이 아파트상가 148호 031-889-8678
02 **아미쿡** 부산시 사상구 모라1동 711-3 http://www.amicook.co.kr 051-301-1580
03, 04 **수도상사** 서울시 중구 남창동 33번지 남대문시장 대도상가D동3층 02-753-5494
05 **제주해어림 어간장** 제주도 제주시 구좌읍 종달리 2025 http://blog.naver.com/haearim 064-782-1356
06 **신안천일염** 전남 신안군 신의면 상서길 169번지 010-2627-1633